¡YO LEO! ¡TÚ LEES!

Turno de lectura del niño

Turno de lectura del adulto

LEEMOS SOBRE LA TIERRA

Kerri Mazzarella y Azi Chandra

Traducción de Pablo de la Vega

SEAHORSE PUBLISHING

Guía para padres y cuidadores

Leer a su niño en voz alta tiene muchos beneficio . Aumenta su vocabulario, activa el intercambio de ideas y fortalece los vínculos emocionales. Las investigaciones muestran que los niños a quienes se les leen libros en voz alta mejoran sus habilidades lingüísticas, lo que los lleva a tener mayor éxito en la escuela.

Los libros de *¡Yo leo! ¡Tú lees!* le ofrecen una manera divertida y sencilla para leer con su niño. Siga estas pautas:

Antes de la lectura

- Miren la tapa y la contratapa. Hablen de sus experiencias personales relacionadas con el tema. Hagan predicciones sobre el libro.
- Lean el *Glosario* al final d l libro. Hablen acerca de las palabras que sean nuevas para su niño.
- Si el libro resulta difícil o lejano para su niño, léalo en voz alta la primera vez. Luego, invite a su niño a participar la segunda vez que lo lean.

Durante la lectura

NIÑO Pida a su niño que lea las palabras junto a este símbolo. Este texto concuerda con el nivel de lectura y grado señalados en la tapa.

ADULTO Lea las palabras junto a este símbolo.

- Deténgase con frecuencia para hablar con su niño sobre lo que está leyendo y para asegurarse de que su niño entiende.
- Si su niño tiene difi ultades para decodifi ar una palabra, ayúdelo a pronunciarla Si sigue experimentando difi ultades, pronuncie usted la palabra para que su niño la escuche y pídale que la repita.
- Para encontrar el signifi ado de una palabra, busquen pistas en las palabras e imágenes que la rodean.

Después de la lectura

- Felicite a su niño por sus esfuerzos. Hágalo notar cómo ha crecido como lector.
- Hagan uso de las *Preguntas para después de la lectura* al final d l libro.
- Hable con su niño sobre lo que aprendió y sobre lo que le gustó y lo que no le gustó del libro.

Y, lo más importante, deje que su niño sepa que leer es divertido y valioso. Continúen leyend juntos conforme las habilidades y seguridad de su niño crecen.

ÍNDICE

Agua, agua en todas partes

La Tierra es quizá el **planeta** más especial del universo.

Es el único planeta que conocemos que tiene agua líquida. ¡Y tiene mucha agua!

¿Sabías que el 70 por ciento de la Tierra está cubierta de agua? Cerca del 97 por ciento es agua salada y tres por ciento es agua dulce.

A veces, a la Tierra se le llama el planeta azul porque gracias a su agua se ve azul desde el espacio.

Hogar, dulce hogar

ADULTO

La Tierra forma parte de una **galaxia** llamada Vía Láctea.

De acuerdo con lo que sabemos, la Tierra es el único planeta con seres vivos.

La Tierra es el hogar de miles de millones de personas y millones de tipos de plantas y animales.

También es el planeta en el que vivimos.

La luz del Sol

El Sol es la estrella que está al centro de nuestro **sistema solar**, y es muy importante.

Del Sol provienen el calor y la luz. Sin él, no habría vida en la Tierra.

Alrededor del Sol **orbitan** ocho planetas y muchos otros objetos más pequeños.

La Tierra es el tercer planeta desde el Sol.

Entre la Tierra y el Sol hay cerca de 90 millones de millas (145 millones de kilómetros). Es la distancia perfecta: ¡no muy caliente y no muy frío!

Nuestros vecinos

Mercurio, Venus, la Tierra y Marte son los más cercanos al Sol. Son llamados planetas **terrestres**. Son redondos, pequeños y rocosos.

Júpiter, Saturno, Urano y Neptuno están más lejos del Sol. Son mucho más grandes y están hechos principalmente de gas.

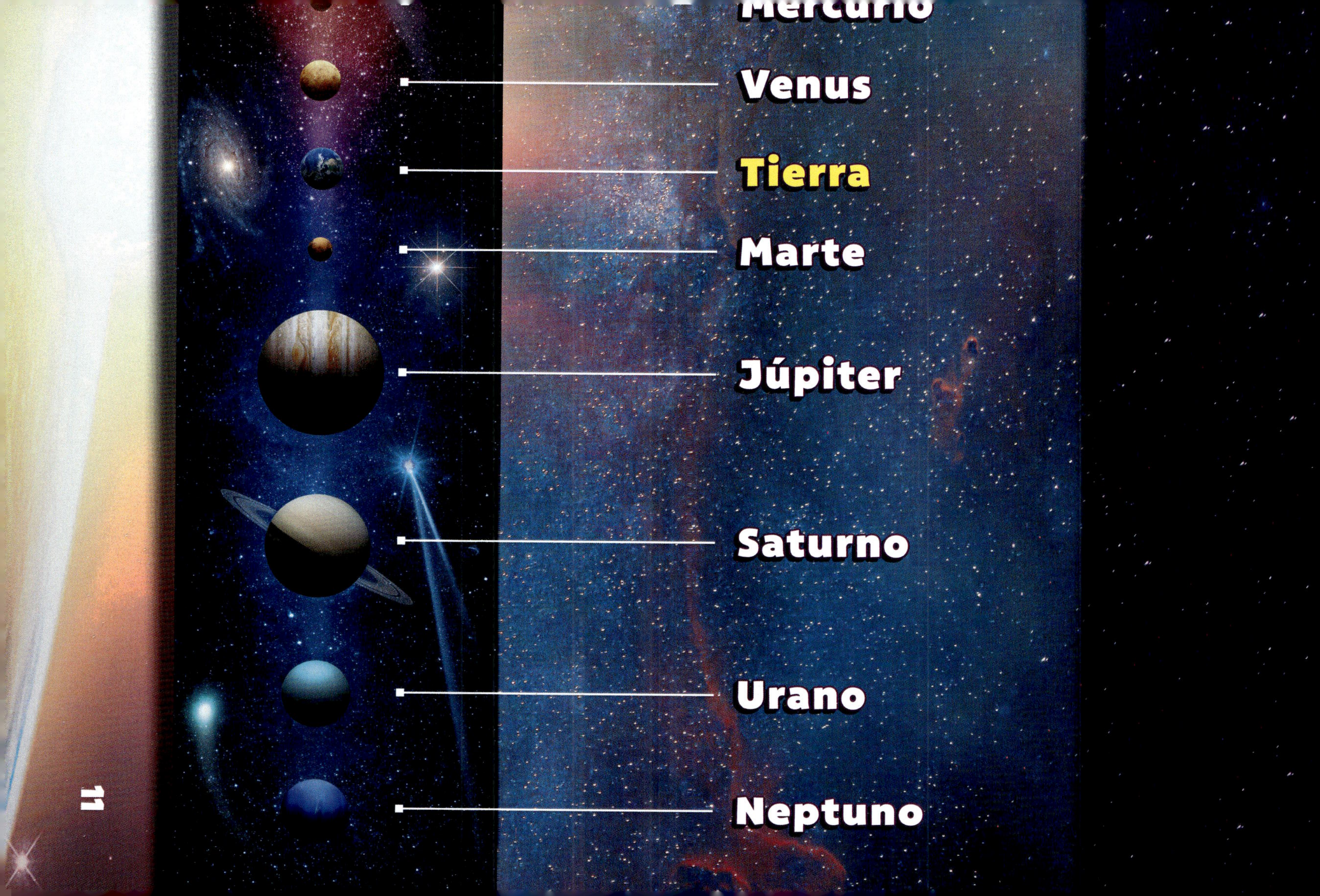
Mercurio
Venus
Tierra
Marte
Júpiter
Saturno
Urano
Neptuno

Caminar sobre la Luna

La Tierra es el único planeta de nuestro sistema solar que tiene sólo una **Luna**.

La Luna no produce su propia luz. Refleja la luz del Sol.

En 20 de julio de 1969 unos **astronautas** estadounidenses fueron los primeros en caminar sobre la Luna. Su misión fue llamada *Apollo 11*.

Gira, niño, gira

A la Tierra le toma alrededor de 365 días, o un año, dar una vuelta al Sol.

ADULTO

La Tierra también gira sobre su propio **eje** al mismo tiempo que gira alrededor del Sol.

Le toma 24 horas, o un día, completar una vuelta sobre su eje.

Al mes de febrero se le agrega un día cada cuatro años para mantener nuestro calendario a tiempo. A este año se le conoce como bisiesto.

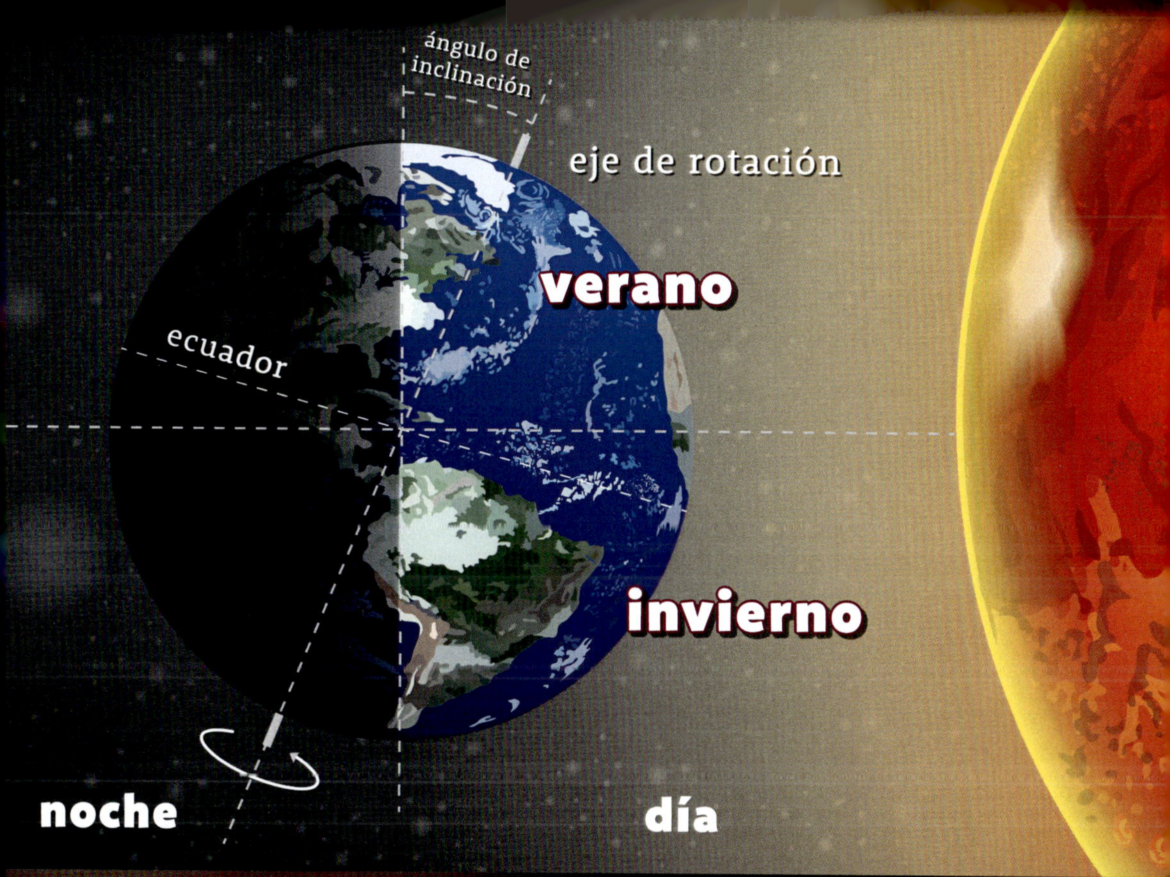

La Tierra no gira de manera recta, porque su eje está inclinado. Las estaciones están determinadas por la cercanía o lejanía de cada región con respecto al Sol.

Nuestra protección

La **atmósfera** de la Tierra es una capa densa de gases. Es el aire que respiramos.

La atmósfera cubre a la Tierra y actúa como una cobija que la mantiene caliente.

También nos protege de la dañina radiación del Sol y de los meteoros que llegan del espacio.

La capa de ozono es parte de nuestra atmósfera. Protege la vida de los dañinos rayos ultravioleta que salen del Sol.

Excavando profundo

La Tierra está hecha de tres capas.

ADULTO

La corteza es una capa delgada en la superficie de la Tierra donde viven plantas, animales y personas.

El manto está hecho de roca fundida. Es la capa más gruesa de la Tierra.

El núcleo es el centro de la Tierra. Está hecho de metales extremadamente calientes.

Aun cuando la corteza es la capa más delgada, ¡es demasiado gruesa para que cualquiera pueda excavarla y llegar a la siguiente capa!

Sigue aprendiendo

Todos los días, los científicos aprenden más sobre el planeta Tierra y sobre cómo se relaciona con nuestro sistema solar.

Usan **satélites** para reunir información desde el espacio, observar planetas y proveer medios para la comunicación.

Los satélites también producen información valiosa sobre los océanos, la tierra y el aire de nuestro planeta.

GLOSARIO

astronautas: Gente que viaja en una nave espacial.

atmósfera: La mezcla de gases que rodean a un planeta; todo el aire entre la superficie de un planeta y el espacio exterior.

eje: Una línea imaginaria que pasa por el medio de un objeto, alrededor del cual ese objeto gira.

galaxia: Un grupo muy grande de estrellas y planetas, como la Vía Láctea. En el universo hay muchas galaxias.

Luna: El satélite natural que orbita alrededor de la Tierra, completando un giro cada mes, y que es visible porque refleja la luz del Sol.

orbitan: El camino curvo seguido por una luna, un planeta o un satélite conforme da la vuelta a un planeta o estrella como nuestro Sol.

planeta: Un cuerpo celeste grande que orbita alrededor de una estrella; la Tierra es un planeta que orbita una estrella que llamamos Sol.

satélites: Objetos que orbitan un planeta; los satélites artificiales son naves espaciales especializadas que fueron mandados al espacio por personas para que recopilen información, manden y reciban señales de comunicación y realicen otras tareas.

sistema solar: El sistema unido por la fuerza de gravedad compuesto por la estrella a la que llamamos Sol y los objetos que lo orbitan, entre los que hay ocho planetas; en el universo hay muchos sistemas solares.

terrestres: Hechos de rocas o metales y que tienen una superficie dura.

ÍNDICE ALFABÉTICO

PREGUNTAS PARA DESPUÉS DE LA LECTURA

1. ¿Qué porcentaje de la Tierra está cubierto de agua y cuál es la importancia de que haya agua en la Tierra?
2. ¿Qué es único acerca del eje de la Tierra y por qué es importante?
3. ¿Qué papel juega el Sol en la existencia de la vida en la Tierra?

Escrito por Kerri Mazzarella y Azi Chandra
Diseño de Jen Bowers
Editora: Kim Thompson
Traducción de Pablo de la Vega
Coordinador de producción: Candice Campbell

Photographs/Shutterstock: cover, p. 4, 9, 16, 20 Earth ©2008 Alex Staroseltsev; cover, p.1, 8, 19 solar system ©2021 Triff; cover and interior background ©2020 Nuttawut Uttamaharad; cover Mars © Vector Tradition; p.5 ©2016 Volodimir Zozulinskyi; p.6 ©2016 Daria Grebenchuk; p.7 ©2019 Klagyivik Viktor; p.9, 18 © Vector Tradition; p.10 © Vector Tradition; p.11 ©2018 Digital Images Studio; p.12 ©2019 Brigitte Pica2; p.13 © Natee Jitthammachai; p.14 ©2017 Guenter Albers; p.15 ©2014 Anton Balazh; p.21 ©2018 aappp

Library of Congress PCN Data
Leemos sobre la Tierra / Kerri Mazzarella y Azi Chandra
¡Yo leo! ¡Tú lees!
ISBN 979-8-8945-9013-4 (hard cover)
ISBN 979-8-8945-9019-6 (paperback)
ISBN 979-8-8945-9025-7 (EPUB)
ISBN 979-8-8945-9031-8 (eBook)
ISBN 979-8-8945-9037-0 (audio)
ISBN 979-8-8945-9043-1 (read-along)
Library of Congress Control Number: 2024946190

Impreso en los Estados Unidos/CP112025

Seahorse Publishing Company
www.seahorsepub.com

Published in the United States
Seahorse Publishing
PO Box 771325
Coral Springs, FL 33077

SEAHORSE
PUBLISHING